DIESES FÄRBEBUCH GEHÖRT ZU:

Farbtest-Seite

Vielen Dank, dass Sie sich für dieses Malbuch entschieden haben.

Ich hoffe, Sie haben es genossen Ausmalen in diesem Buch genauso genossen wie ich das Erstellen.

Ihr Feedback ist für mich sehr wichtig.

Sollten Sie Probleme mit dem Buch haben, wie z.B. Druckfehler, fehlerhafte Bindung, Papierausbluten oder andere Probleme, zögern Sie bitte nicht, mich zu kontaktieren:

 coloritybook@gmail.com

 @coloritybooks

 @coloritybooks

Wenn Sie dieses Buch genossen haben, ziehen Sie bitte in Betracht, eine Rezension auf der Website zu hinterlassen. Es dauert nur ein paar Minuten, aber es würde so sehr geschätzt werden. Rezensionen sind eine geniale Sache für kleine Unternehmen wie uns – sie sind der beste Weg, um andere potenzielle Kunden über das Buch und Ihre Meinung dazu zu informieren. Wir möchten Sie ermutigen, Fotos von der Innenseite und dem Cover des Buches in Ihre Rezension aufzunehmen.

Nochmals vielen Dank, dass Sie sich für dieses Buch entschieden haben.